Inhalt

CRM - Tragen die strategischen Vorarbeiten endlich Früchte?

Kernthesen

Beitrag

Fallbeispiele

Weiterführende Literatur

Impressum

CRM - Tragen die strategischen Vorarbeiten endlich Früchte?

E.Krug

Kernthesen

- Das Thema CRM (Customer Relationship Management) wird mittlerweile sehr ernst genommen. So kümmern sich in den meisten Unternehmen nicht nur die Marketing-Abteilung, sondern auch der Vertrieb und IT um die Kundenbeziehung. (1), (2)
- Das Kundenbeziehungsmanagement wird aber von zu vielen Firmen falsch verstanden. Oft fehlt der spezifische ganzheitliche

CRM-Ansatz. (3), (4)
- Künftig soll CRM nicht nur in Bezug auf Kundenbeziehung eingesetzt werden, sondern darüber hinaus zur Steigerung der unternehmerischen Effizienz beitragen. (5)

Beitrag

Ein leichter wirtschaftlicher Aufschwung, der Kunde rückt dadurch noch deutlicher ins Blickfeld und Customer Relationship Management wird wieder verstärkt zum Thema. Das heißt nicht, dass Kundenbeziehung zwischendurch unwichtig war, aber zurzeit scheint sie erneut an Brisanz gewonnen zu haben. Da es bei weitem kein neues Thema ist, stellt sich heute vor allem die Frage, ob sämtliche Vorarbeiten in den Betrieben sich auch wirklich ausgezahlt haben und den Erfolg mit sich bringen, den man sich erhofft hat. (1), (6)

CRM ist heute für viele Unternehmen von großer Bedeutung

Die Ergebnisse des CRM Barometers 2005 (vgl. Cases)

der Management- und IT-Beratung Capgemini beweisen es, dass sich das Kundenbeziehungsmanagement mittlerweile in den meisten Unternehmen zu einem sehr wichtigen Faktor entwickelt hat.
Allein in 54 Prozent der in der Studie berücksichtigten Unternehmen gibt es mindestens einen CRM-Verantwortlichen, der sich ausschließlich mit diesem Thema beschäftigt. Darüber hinaus ist CRM bei 43 Prozent der Firmen zu einem der Themen der Geschäftsleitung geworden. Ein klares Indiz für die Bedeutsamkeit von Customer Relationship Management ist das Budget, das bei 69 Prozent der Befragten in diesem Jahr gleich geblieben und bei 14 Prozent sogar gestiegen ist. Das ist in der heutigen wirtschaftlichen Situation ganz sicher keine Selbstverständlichkeit. (1), (3), (5), (6)
Die Studie ließ auch ganz deutlich erkennen, dass die Zeit der Strategie verstrichen ist und wichtige Themen, wie die Kundenbindung und das Abstimmen der Geschäftsprozesse auf die Kundenbedürfnisse im Vordergrund stehen. Man kann davon ausgehen, dass bei neun von zehn Unternehmen die Kampagnenstrategien bereits festgelegt sind. So soll zurzeit CRM vor allem dazu beitragen, die vorhandenen Erkenntnisse über den Kunden zu vertiefen und den Vertrieb wirkungsvoller zu gestalten, also die unternehmensinterne Effizienz zu steigern.

Die wichtigste Aufgabe der Firmen ist es inzwischen, sich verstärkt mit den Auswertungsinstrumenten der Erfolgskontrolle der Kampagnen zu beschäftigen. In allen kundenbezogenen Themenbereichen wird branchenübergreifend ein beträchtliches Potenzial für die künftigen Unternehmensentwicklungen gesehen. (3), (5), (6)

CRM wird manchmal nur mangelhaft betrieben

Obwohl, wie gesagt, den Unternehmen ganz offensichtlich die Brisanz von CRM sehr wohl bewusst ist, lässt die aktuelle Anwendung von gezieltem Kundenbeziehungsmanagement sehr häufig zu wünschen übrig, wie die Ergebnisse einer weiteren Studie zu dem Thema zeigen, die von dem Fachmagazin acquisa und der Hamburger Unternehmensberatung atways durchgeführt wurde (vgl. Cases).
Meist fehlt den Unternehmen, um in der eigenen Branche ergebnisführend zu sein, der individuelle und ganzheitliche CRM-Ansatz. Die Firmen stellen die Zufriedenheit der Kunden an die erste Stelle und riskieren deswegen nicht selten Ergebniseinbußen. Zwar haben die meisten Unternehmen ansprechbare Lösungen gefunden, um die Kunden gut zu bedienen,

doch fehlt es häufig an neuen Wachstumspotenzialen. Es mangelt an Strategien als Grundlage zur Verbesserung des Kundenverständnisses. Das hat zur Folge, dass das Eroberungspotenzial ungenutzt bleibt, weil z.B. Daten falsch oder unzureichend interpretiert werden. So fehlt vielen Unternehmen eine langfristige stabile Entscheidungsgrundlage, um eine differenzierte Kundenansprache zuwege zu bringen oder die Kunden richtig zu begeistern. (3), (4), (7)
Was meist sehr stark vernachlässigt wird, ist der Kundenwert. So verfügen weniger als 50 Prozent, der in der Untersuchung berücksichtigten Firmen über ein Verfahren, über das sich der Kundenwert ermitteln lässt.
Die Gefahr ist, dass viele Unternehmen das Problem nicht als solches erkennen und davon überzeugt sind, dass ihr CRM absolut passt, dabei aber übersehen, dass ein zuverlässiges Kundenverständnis nicht gewährleistet ist, weil die Erhebungs- und Verarbeitungsmethoden nicht geeignet sind. (3)

CRM muss enorm viele Faktoren berücksichtigen, um Effektivität zu gewährleisten

Sehr wichtig für ein Erfolg versprechendes Kundenbeziehungsmanagement ist ein gut ausgearbeitetes Integrationsmodell, da CRM z.B. keine ausschließliche Marketing-Aktion oder ein einmaliges IT-Projekt ist, sondern vielmehr einen unternehmerischen Austausch gewährleisten und abteilungsübergreifende Verfügbarkeit der Kundendaten zur Selbstverständlichkeit werden lassen sollte. Ebenso müsste es garantiert sein, dass alle Mitarbeiter über die CRM-Strategie ausgiebig informiert sind. (4), (8), (9)
Der Weg ist nicht einfach, da knappe Budgets, hybride Käufer etc. einem ganzheitlichen Kampagnenkomplex den einen oder anderen Stein in den Weg legen. Je mehr Steine aus dem Weg geräumt werden, desto effektiver wird die Kampagne. Um diesen Anforderungen letztendlich gerecht zu werden, müssen sich die Verantwortlichen zum einen auf eine regelmäßige Kommunikation zwischen Strategie- und Durchführungsebene, zum anderen auf technologisch umfassende Prozesse verlassen können. (9)

Fallbeispiele

CRM-Barometer 2005

Die Studie für das CRM-Barometer 2005 wurde von der Management- und IT-Beratung Capgemini durchgeführt.Im Rahmen der Studie wurden 107 Marketing-Verantwortliche größerer Unternehmen aus Deutschland, Österreich und der Schweiz befragt. (1), (6)

CRM-Studie im Dialog

Die Studie Im Dialog 2005 wurde von der Unternehmensberatung atways AG, Hamburg in Zusammenarbeit mit acquisa durchgeführt.Im Rahmen dieser Studie wurden CRM-Spezialisten, Marketingverantwortliche und die obere Managementebene in 71 deutschen Unternehmen aus 15 Branchen schriftlich befragt.
Die Erhebung der Daten erfolgte in einem dreistufigen Dialog. Hierbei wurden zum ersten Mal in der zweiten und dritten Stufe die Fragen auf Grund der vorherigen Antworten situations- und unternehmensspezifisch individualisiert. (3), (7), (11)

CRM-Mietmodell

Das amerikanische Unternehmen salesforce.com ist der Pionier des CRM-Mietmodells.1999 trat dieses Unternehmen mit der Vision an, eine Software-Lösung zu schaffen, die auf dem Internet basieren und die traditionelle Unternehmens-Software-Technologie ersetzen würde.
Soweit ist man noch nicht, aber die CRM-on-Demand-Systeme haben ihren festen Platz auf dem Markt gefunden.
Bei CRM-on-Demand wird die Software gemietet, sprich die CRM-Lösung wird in einem Rechenzentrum betrieben und über das Internet bereitgestellt. Mit einem herkömmlichen Web-Browser können die Kunden online zu einem festen Preis pro Anwender und Monat auf das System zugreifen. (5)

Weiterführende Literatur

(1) CRM-Budgets legen zu
aus Lebensmittel Zeitung 44 vom 04.11.2005 Seite 063

(2) Kundenpflege
aus Financial Times Deutschland vom 28.10.2005, Seite BE4

(3) Zwischen Wollen und Können
aus acquisa, Vol. 53, Heft 11/2005, S. 56-58

(4) O.V., CRM woran es in der Praxis hapert,
Computerwoche, 11.11.2005, S. 45
aus acquisa, Vol. 53, Heft 11/2005, S. 56-58

(5) Keine Angst vor CRM
aus Sales Business, Heft 2005/11, S. 16-20

(6) CRM-Barometer 2005 Der Kunde rückt ins Blickfeld
aus Database Marketing, Heft 3/2005, S. 14-15

(7) CRM Den Kunden verstehen
aus acquisa, Vol. 53, Heft 09/2005, S. 8

(8) Die Wiederentdeckung des gläsernen Kunden
Nach Sparmaßnahmen und Internetboom werden Betreuung und Beratung als neue alte Instrumente des Geschäfts immer wichtiger
aus Financial Times Deutschland vom 28.10.2005, Seite BE4

(9) Schatzsuche im Kundenstamm
aus Lebensmittel Zeitung 44 vom 04.11.2005 Seite 061

(10) Fest in der Hand der Spezialisten
aus Lebensmittel Zeitung 44 vom 04.11.2005 Seite 057

(11) CRM-STUDIE Von Erfolgreichen lernen
aus acquisa, Vol. 53, Heft 08/2005, S. 9

Impressum

CRM - Tragen die strategischen Vorarbeiten endlich Früchte?

Bibliografische Information der deutschen Nationalbibliothek

Die Deutsche Nationalbibliothek verzeichnet diese Publikation in der deutschen Nationalbibliografie; detaillierte bibliografische Daten sind im Internet über http://dnb.d-nb.de abrufbar.

ISBN: 978-3-7379-0722-4

© 2015 GBI-Genios Deutsche Wirtschaftsdatenbank GmbH, Freischützstraße 96, 81927 München, www.genios.de

Alle Rechte vorbehalten. Dieses Werk ist einschließlich aller seiner Teile – z.B. Texte, Tabellen und Grafiken - urheberrechtlich geschützt. Jede Verwertung außerhalb der Grenzen des Urheberrechtsgesetzes bedarf der vorherigen Zustimmung des Verlags. Dies gilt insbesondere auch für auszugsweise Nachdrucke, fotomechanische Vervielfältigungen (Fotokopie/Mikroskopie), Übersetzungen, Auswertungen durch Datenbanken oder ähnliche Einrichtungen und die Einspeicherung und Verarbeitung in elektronischen Systemen.